김홍도

김홍도

유타루 글 김홍모 그림

비룡소

어느 따뜻한 봄날, 텃밭 한쪽에서 병아리들이 어미 닭을 따라다니며 모이를 쪼고 있었어요.
"아, 귀여워. 어디 한번 그려 볼까?"
홍도는 마당에 쪼그려 앉아 막대기로 땅바닥에 병아리를 그렸어요.

병아리 옆에 어미 닭을 그리려고 할 때였어요. 어디선가 동네 아이들이 우르르 몰려왔어요.
"홍도야, 제기차기 안 할래?"
"이따가 숨바꼭질도 할 건데!"
친구들이 같이 놀자고 졸랐어요. 하지만 홍도는 고개를 가로저었지요. 그림 그리기가 제기차기나 숨바꼭질보다 재미있었거든요.

　한동안 홍도 주변을 맴돌던 아이들이 저만치 가서 제기차기를 시작했어요. 홍도도 다시 막대기를 쥐고 어미 닭을 그렸지요.
　'음, 어미 닭은 병아리보다 그리기가 어렵네.'
　그림을 그리는 홍도의 이마에 구슬 같은 땀방울이 송골송골 맺혔어요.

"하늘 천 땅 지 검을 현 누를 황."

아이들이 훈장님을 따라 큰 소리로 천자문을 읽었어요. 훈장님이 아이들에게 물었지요.

"잘했다. 다들 열심히 글공부해서 나중에 뭐가 되고 싶으냐?"

"과거에 합격해서 높은 벼슬아치가 되겠어요."

"저는 외국 말을 잘하는 역관이 되어 돈을 많이 벌 거예요."

아이들이 앞다투어 꿈을 이야기했어요.

"그래, 홍도는 무엇이 되고 싶으냐?"

훈장님이 홍도에게 물었어요.

"저는 그림 그리는 화원이 되고 싶어요."

홍도가 자리에서 벌떡 일어나 말했어요.

"뭐라고? 화원이 되겠다고?"

훈장님이 눈을 둥그렇게 떴어요. 아이들도 놀라기는 마찬가지였지요.

"화원은 벼슬에 오르기도 어렵고, 돈도 많이 못 번다. 화원을 얕잡아 보는 사람도 많고……. 그런데도 화원이 되고 싶단 말이냐?"

훈장님이 홍도를 타일렀어요. 그래도 홍도는 고집스레 고개를 끄덕였지요.

돈을 많이 못 벌어도, 벼슬을 못 해도 좋아요. 저는 화원이 될 거예요!

'오늘은 무엇을 그려 볼까?'

서당에서 돌아오면 홍도는 으레 종이부터 펼쳤어요.

'옳지, 어제 그렸던 걸 다시 한번 그려 보자.'

홍도는 벼루에 물을 붓고 먹을 갈았어요. 그러고는 하얀 종이에 나비, 꽃, 개, 고양이, 새, 나무를 척척 그렸지요.

그림인지 실제인지 구별이 안 되네.

어린아이 솜씨가 아니라니까!

"어허, 또 허튼짓을 하고 있구나."

아버지의 화난 목소리에 홍도는 얼굴이 빨개져서 붓을 내려놓았어요.

"어쩌려고 글공부는 안 하고 그림만 그리는 게냐? 냉큼 따라 들어오너라."

홍도는 아버지 앞에 무릎을 꿇고 앉았어요.

"홍도야, 내 말 잘 들어라."

아버지가 엄한 표정으로 말했어요.

"우리 집안이 지금은 비록 중인 신분이지만, 전에는 대대로 나라를 지키는 무관 벼슬을 해 왔다. 너도 키가 크고 튼튼하니 부지런히 글과 무예를 익혀 장수가 되어야 하지 않겠느냐. 그런데 만날 그림만 그리고 있으니, 어쩌려고 그러느냐?"

'하지만 저는 그림 그리는 게 좋은걸요.'

홍도는 고개를 숙인 채 마음속으로만 중얼거렸어요.

그러던 어느 날 홍도네 집에 한 남자가 찾아왔어요.

"저는 좋은 그림을 찾아 모으는 수집가입니다. 우연히 홍도의 그림을 보았는데, 보통 솜씨가 아니더군요. 제가 그림 잘 그리기로 유명한 분을 알고 있으니, 그분께 홍도의 재능을 알아보면 어떻겠습니까?"

홍도의 아버지는 단박에 거절했어요.

"무슨 소리요! 우리 홍도는 장수로 키울 것이오."

　그림 수집가는 포기하지 않고 연거푸 홍도를 찾아왔어요. 홍도의 아버지는 그림 수집가가 마뜩지 않았지만, 몇 번이나 찾아오자 마지못해 허락했지요.

홍도는 아버지와 함께 그림 수집가를 따라 경기도 안산에 사는 강세황이라는 선비를 만나러 갔어요. 양반인 강세황은 취미로 그림을 그리는 선비 화가였는데, 글씨를 잘 쓰고 그림을 잘 그리기로 유명했어요.
 강세황은 홍도의 그림을 찬찬히 살펴보고는 흐뭇한 표정으로 말했어요.
 "어린아이가 예사롭지 않은 재주를 가졌구나."

홍도의 아버지는 강세황의 말을 듣고 깜짝 놀랐어요.

"홍도의 재주가 이렇게 뛰어난 것을 모르고……. 홍도를 장수로 키우려고 했던 제 생각이 잘못이었나 봅니다."

강세황 덕분에 홍도는 화원의 꿈을 마음껏 펼칠 수 있게 되었어요. 홍도의 그림 솜씨는 날마다 쑥쑥 자랐지요.

세월이 흘러, 어느덧 홍도는 스무 살의 청년이 되었어요. 그동안 홍도는 강세황으로부터 여러 가지 그림 그리는 법을 배웠어요.

산과 물이 어우러진 아름다운 산수화, 고양이와 새와 꽃을 그린 영모 화조화, 옛이야기에 나오는 신선이나 선비를 그린 인물화 등 홍도는 못 그리는 그림이 없었어요.

　강세황은 홍도를 도화서의 화원으로 추천했어요. 도화서는 그림에 관한 일을 맡아 하는 관청이었어요. 도화서의 화원들은 왕의 초상화, 궁궐에서 벌어지는 행사, 나라에서 필요로 하는 지도나 설계도 등을 그렸지요.

　'나라에서 제일가는 화원들과 함께 그림을 그리게 되다니!'

　홍도는 자신을 가르치고 이끌어 준 스승에게 큰절을 올렸어요.

도화서 화원이 된 지 얼마 지나지 않아 김홍도는 중요한 일을 맡게 되었어요. 영조의 일흔두 번째 생일잔치를 그리게 된 거예요.

겨우 스물한 살밖에 안 된 김홍도가 그런 큰일을 맡자, 도화서 사람들은 모두 쑥덕거렸어요.

"흥, 취재도 안 치른 어린놈이 뭘 안다고."

"맞아. 애당초 그림 실력이 안 되니까 추천으로 들어온 게지."

원래 도화서의 화원이 되려면 그림 실력을 알아보는 시험인 '취재'를 치러야 했어요.

　어려운 시험을 통과해 도화서의 화원이 된 사람들은 추천으로 들어온 김홍도를 못마땅해했지요.
　"경험도 없는 풋내기에게 그런 큰일을 맡기다니, 이게 말이 되느냐고!"
　억울한 마음이 들 법도 한데 김홍도는 아무 말 하지 않았어요. 그저 평소와 다름없이 선배 화원에게 공손히 인사하고, 또래 화원에게 다정하게 말을 건넸지요.

마침내 행사가 시작되었어요. 김홍도는 사람들의 모습을 잘 관찰한 다음 열심히 그림을 그렸어요.

나중에 김홍도가 그린 그림을 본 사람들은 깜짝 놀랐어요.
"그림이 어찌나 생생한지 바로 눈앞에서 보는 것 같구먼."
"이 정도 실력이면 취재를 봤어도 합격했겠어."
도화서 사람들은 김홍도를 더 이상 헐뜯지 않았어요. 오히려 그림 실력만큼 마음도 넓다며 칭찬을 아끼지 않았지요.

　화원으로서 최고의 영광은 왕의 초상화를 그리는 것이었어요. 김홍도는 1773년 스물아홉 실의 젊은 나이에 왕과 장차 왕이 될 세자의 초상화를 그리게 되었어요. 최고의 화원으로 실력을 인정받은 것이지요.
　'내가 잘 해낼 수 있을까?'
　김홍도는 떨리는 마음을 다잡고 정성을 다해 그림을 그렸어요.

왕의 초상화를 잘 그린 상으로 김홍도는 벼슬을 하게 되었어요. 궁궐의 꽃과 풀, 과실나무를 돌보는 관아에서 일하게 되었지요.

궁궐 구석구석을 돌다 보면 어느새 구슬땀이 흘렀어요. 자연을 좋아하는 김홍도는 처음 얻은 벼슬이 퍽 마음에 들었지요.

1776년에 영조가 세상을 떠났어요. 영조의 뒤를 이은 정조는 그림을 즐겨 그렸을 뿐 아니라, 그림 보는 눈도 무척 뛰어났어요.

　정조는 세자 시절부터 김홍도의 그림과 사람됨을 눈여겨봤어요. 그래서 왕위에 오르자 나라의 그림에 관한 일을 전부 김홍도에게 맡겼어요.

　김홍도는 그림을 그리느라 눈코 뜰 새 없이 바빴어요. 집에 들어갈 시간이 없어서 궁궐에서 먹고 자는 일도 많았지요. 그래도 김홍도는 자신을 믿고 아껴 주는 정조가 고맙기만 했어요.

궁궐 밖에서도 그림을 좀 안다 하는 사람들은 김홍도의 그림을 갖고 싶어 안달이었어요.
"병풍에 넣을 신선 그림을 좀 그려 주시오."
"무엇이든 좋으니 그림 한 점만 내주시오."
그림을 얻으려는 사람들의 발길이 끊이지 않았어요.

성격이 상냥한 김홍도는 사람들의 부탁을 잘 거절하지 못했어요. 그러다 보니 그림을 그리다가 밥을 거르거나 밤을 지새우기가 일쑤였지요.

"김홍도는 조선 최고의 화원이야."

사람들은 김홍도를 치켜세웠어요. 김홍도만큼 그림을 잘 그리는 사람은 옛날에도 없었고, 앞으로도 없을 거라고들 말했지요.

하지만 김홍도는 결코 우쭐대거나 자만하지 않았어요. 오히려 늘 자신의 그림에 대해 반성하고 고민했지요.

'내 그림은 아직 대단하다고 할 수 없어. 옛것을 좇기보다 나만의 그림을 그려야 해. 그래야 진정한 예술가라고 할 수 있어. 다른 사람과 구별되는 그림을 그리려면 어떻게 해야 할까?'

김홍도는 골똘히 생각했어요.

'그래, 사람들이 사는 모습을 그리자! 사람들이 먹고 자고 일하고 노는 모습을 있는 그대로 그리는 거야!'

김홍도의 머릿속에는 어느새 뚝딱뚝딱 쇠를 두드리는 대장장이와 광주리를 이고 바쁘게 장터를 오가는 상인들, 나루터에서 배를 기다리는 사람들의 모습이 떠올랐어요.

'두 눈으로 직접 보고 그리면 더 좋은 그림이 나오겠지?'

김홍도는 사람들이 많은 거리로 나갔어요.

"으랏차차차!"

힘쓰는 소리가 요란했어요. 장터 한쪽에서 씨름판이 벌어진 거예요. 샅바를 맞잡은 두 장사가 황소처럼 숨을 헐떡였어요. 옆에서는 엿판을 든 엿장수가 엿을 팔았지요.

김홍도는 사람들 틈에 끼어 씨름판 풍경을 찬찬히 살폈어요. 씨름하는 장사들보다 더 긴장한 사람, 흥에 겨워 소리를 질러 대는 사람, 잔뜩 겁을 먹은 아이들이 보였어요. 그 많은 사람 중에 같은 표정을 짓고 있는 사람은 한 명도 없었지요.

'씨름하는 사람들도 중요하지만, 구경하는 사람들의 표정도 잘 살려서 그려야겠어.'

한참 씨름 구경을 하고 있자니 어디선가 흥겨운 풍물 소리가 들려왔어요. 김홍도는 얼른 소리 나는 쪽으로 가 보았어요.

　한 소년이 장구, 북, 피리, 해금 연주에 맞추어 덩실덩실 춤을 추고 있었어요. 춤추는 소년을 보고 있자니 어깨가 절로 들썩였지요.

　'사람들의 표정이며 몸짓이 정말 재미있구나. 피리 부는 남자는 입에 바람이 가득 차서 뺨이 불룩하고, 북 치는 남자는 한쪽 무릎을 세우고 있네.'

　김홍도는 어깨를 덩실대면서도 춤추는 소년과 악기를 연주하는 사람들의 모습을 머릿속에 잘 새겨 두었어요.

길거리 구경을 마친 김홍도는 골목으로 들어갔어요. 어느 집에서 어린 소년이 또랑또랑하게 글 읽는 소리가 들렸어요.

김홍도는 울타리 밖에서 집 안을 조심스레 들여다보았어요. 아버지는 가마니를 짜고, 어머니는 물레를 돌려 실을 뽑고 있었어요. 그리고 그 옆에서 한 사내아이가 큰 소리로 책을 읽고 있었지요.

'평범하게 살아가는 사람들의 모습이 참으로 정겹구나!'

김홍도는 흐뭇한 마음으로 발걸음을 돌렸어요.

집으로 돌아오는 길에도 김홍도는 들판에서 농사짓는 사람들과 강가에서 고기 잡는 사람들을 구경하느라 한참을 서 있었어요.

김홍도는 거리에서 본 사람들의 모습을 그려 병풍과 책으로 만들었어요.
"아이고, 배꼽 빠지겠네."
그림을 본 사람들은 모두 웃음을 터트렸어요.
"이렇게 재미있고 생생한 그림은 처음이야."
"그러게 말이야. 이 그림은 꼭 나를 그린 것 같고, 저 그림은 우리 뒷집 사람들 모습과 똑같은걸."

김홍도는 조선 어디에서나 볼 수 있는 사람들의 일상생활을 꾸밈없이 그렸어요. 사람들의 표정과 몸짓은 익살스러우면서도 살아 움직이는 듯 활기가 넘쳤지요. 사람들이 살아가는 모습을 그처럼 실감 나게 그린 '풍속화'는 처음이었어요. 모두들 김홍도가 그린 풍속화가 조선 최고라고 칭찬했지요.

1788년 가을, 정조가 김홍도를 불렀어요.
 "금강산의 경치가 매우 아름답다고 들었소. 나는 나랏일이 바빠서 금강산에 가 볼 수 없으니, 그대가 금강산을 그림으로 그려 주시오."
 금강산은 기이하게 생긴 바위와 곳곳에 자리 잡은 폭포와 연못 등이 아름답기로 유명했어요. 이미 많은 화원이 금강산의 뛰어난 경치에 반해 그림을 그렸지요. 김홍도도 금강산을 꼭 한번 그려 보고 싶었어요.

 그런데 이제까지 화원들이 그린 그림은 금강산을 그대로 그린 것이 아니라, 금강산을 본 느낌을 그린 것이었어요. 똑같은 금강산을 그린 것인데도 누가 그렸느냐에 따라 그림이 모두 달랐지요. 그림만 봐서는 금강산이 실제로 어떻게 생겼는지 도무지 알 수가 없었어요.
 '금강산을 있는 그대로 그려 보자!'
 김홍도는 이렇게 다짐하며 금강산으로 향했어요.

금강산은 서쪽의 내금강과 동쪽의 외금강으로 나뉘어요. 김홍도는 먼저 내금강으로 갔어요. 초록이 무성한 숲과 끝을 알 수 없는 깊은 계곡, 갖가지 모양의 돌들이 아름답게 어우러져 있었어요.

'금강산을 온전히 그림에 담으려면 작은 것 하나 소홀히 해서는 안 돼.'

김홍도는 내금강 구석구석을 부지런히 돌아다니며 풀 한 포기, 바위 하나, 소나무 한 그루도 빠뜨리지 않으려고 애썼어요.

　내금강 입구에는 크고 넓적한 적갈색 바위가 솟아 있었어요. 그 아래 깊은 물에 비치는 그림자가 마치 거울과 같다고 해서 '명경대'라고 불리는 곳이었지요. 김홍도는 명경대의 높고 깨끗한 모습에 감탄하며 그림을 그렸어요.

　외금강은 괴상한 모양의 바위와 깎아지른 듯한 절벽이 많아서 위험했어요. 까딱 잘못하면 낭떠러지 아래로 떨어질 수도 있었지요.
　'정신 바짝 차려야겠어. 아름다운 풍경에 마음을 빼앗기면 그림을 제대로 그릴 수 없으니까.'

　김홍도는 마음을 다잡고 갖가지 모양의 바위들이 기묘한 경관을 이룬 만물상과 엄청나게 높은 절벽에서 떨어지는 구룡 폭포를 그렸어요.

"오호! 이렇게 아름다운 곳이 있단 말인가!"

김홍도의 그림을 본 정조는 크게 감탄했어요.

"이것은 무엇을 그린 것이오?"

"총석정이라는 정자를 그린 것입니다. 현무암으로 된 돌기둥들이 바다 한가운데에 솟아 있어 아름답기 그지없었사옵니다."

"그림 오른쪽에 소나무가 있는데, 실제로도 있소?"

김홍도가 그렇다고 대답하자 정조는 놀란 표정으로 말했어요.

"참으로 하늘이 내린 솜씨로다!"

김홍도의 금강산 그림은 다른 화원들이 그린 것과 전혀 달랐어요. 그때까지는 많은 사람이 풍경을 보고 느낀 기분이나 마음을 그렸어요. 하지만 김홍도는 금강산을 눈에 보이는 그대로 그림에 담았지요. 실제 경치를 보고 사실적으로 묘사한 '진경산수'를 그린 거예요.

금강산에 다녀온 지 삼 년이 지난 어느 날, 김홍도는 다시 정조의 초상화를 그리게 되었어요. 몇몇 화원들도 함께 그림을 그렸지요.

밑그림이 완성되자 정조는 세 개의 그림을 놓고 대신들에게 물었어요.

"나는 두 번째 그림이 마음에 드는데, 그대들의 생각은 어떠하오?"

대신들은 대부분 세 번째 그림을 최고로 뽑았어요.

"김홍도, 그대의 생각은 어떤가?"

"첫 번째 그림과 세 번째 그림의 장점을 살려 새로 그리면 좋겠습니다."

대신들은 깜짝 놀랐어요. 김홍도가 세 가지 그림 중에서 하나를 고르지 않고, 새로운 의견을 내놓았기 때문이에요. 더욱 놀라운 것은 첫 번째 그림이 좋다고 한 거였지요. 첫 번째 그림은 정조가 마음에 들어 하지 않아서 아무도 뽑지 않았거든요. 하지만 김홍도는 그림에 관해서는 두려울 게 없었어요.

'화원으로서 그림에 대한 내 생각을 솔직하게 말하는 건 당연해!'

정조는 자신의 생각과 다른 말을 한 김홍도에게 아무런 벌도 내리지 않았어요. 오히려 김홍도를 더욱 믿고 아꼈지요.

못 그리는 그림이 없다던 천재 화가 김홍도는 평생 아주 많은 그림을 그렸어요.

산수화를 그릴 때에는 원래 동양화에서는 잘 쓰지 않던 원근법(물체를 눈으로 보는 것처럼 멀고 가까움을 느낄 수 있도록 표현하는 방법)과 먹의 진하고 묽은 정도를 이용해 경치를 진짜처럼 아름답게 그리려고 애썼어요.

백성들의 생활 모습을 그린 풍속화는 생김새며 표정 하나하나가 어찌나 생생한지, 마치 그림 속 사람들이 살아 움직이는 것만 같았지요.

김홍도가 자신만의 독창적인 그림을 그릴 수 있었던 것은 그가 조선에서 나고 자란 것을 자랑스러워했기 때문이에요. 그래서 김홍도가 그린 조선의 산과 강, 사람들의 삶의 모습은 지금 봐도 참 정겹고 친근하지요.

 김홍도가 언제 세상을 떠났는지는 아무도 몰라요. 하지만 김홍도의 그림은 이후에도 많은 사람에게 감동을 주고 영향을 끼쳤답니다.

♣ 사진으로 보는 김홍도 이야기 ♣

조선 시대의 신분 제도

조선 시대에는 양반, 중인, 상민, 천민으로 신분이 나뉘었어요. 가장 높은 신분인 양반은 원래 문과 시험이나 무과 시험에 합격해서 관리가 된 사람들을 이르는 말이에요. 하지만 조선 시대에는 벼슬한 사람뿐 아니라 벼슬을 할 수 있는 신분인 사람 모두를 뜻하게 되었지요.

양반과 상민의 중간 신분

김홍도의 자화상이에요. 자기 모습을 스스로 그린 그림이죠. 김홍도는 중인 출신으로, 그림을 그리는 화원으로 일했어요.

인 중인은 주로 특별한 기술이 필요한 일을 맡아 했어요. 각 관청에서 높은 관리를 도와 일하는 아전, 외국 사신과의 통역을 맡는 역관, 병을 치료하는 의관, 그림을 그리는 화원, 법률 문제를 해결하는 율관 등이 모두 중인이었지요. 오늘날에는 의사나 변호사처럼 모두가 부러워할 만한 직업인데, 참 재미있지요?

조선 시대 백성의 대부분을 차지한 상민은 농사를 짓거나 장사를 하거나 물건을 만들어 팔아 살았어요. 상민들은 나라에 세금을 내고 군대에 가야 했을 뿐 아니라, 나라에 큰 공사가 있을 때마다 불려 나가서 일을 해야 했기 때문에 늘 생활이 고달팠지요.

가장 낮은 신분인 천민들

김홍도의 풍속화 「벼 타작」이에요. 그림 오른쪽 위에 있는 양반은 한가로이 쉬고 있는데, 농민들은 웃통을 벗어젖힌 채 벼를 타작하고 있지요.

김홍도의 풍속화 「춤추는 아이」예요. 조선 시대에는 지금의 가수나 배우 같은 일을 했던 광대들도 천민이라 해서 하찮게 여겼어요.

은 사람대접을 거의 못 받았어요. 천민의 대부분은 노비였어요. 노비는 사고팔 수 있는 물건처럼 다루어졌죠. 가면극이나 줄타기 등으로 사람들을 즐겁게 하는 광대, 소나 돼지를 잡는 백정 등도 노비로 여겨졌어요. 양반과 상민들은 천민들과는 어울리기 싫어했지요.

도화서의 화원

도화서의 화원은 보통 실기 시험인 '취재'를 통해서 뽑았어요. 그런데 조선 후기로 가면서 양반의 추천으로 뽑기도 했지요. 김홍도가 양반인 강세황의 추천으로 화원이 되었듯이 말이에요. 화원에는 주로 중인들이 많았어요.

화원이 되면 왕의 초상화나 나라를 위해 특별한 공을 세운 관리들의 초상화를 그렸어요. 또 궁궐에서 벌어지는 크고 작은 행사, 나라에서 필요로 하는 지도, 건물의 설계도 등도 그렸지요. 궁궐의 담이나 벽을 장식하는 그림, 궁에서 쓰는 병풍 그림을 그리기도 했어요.

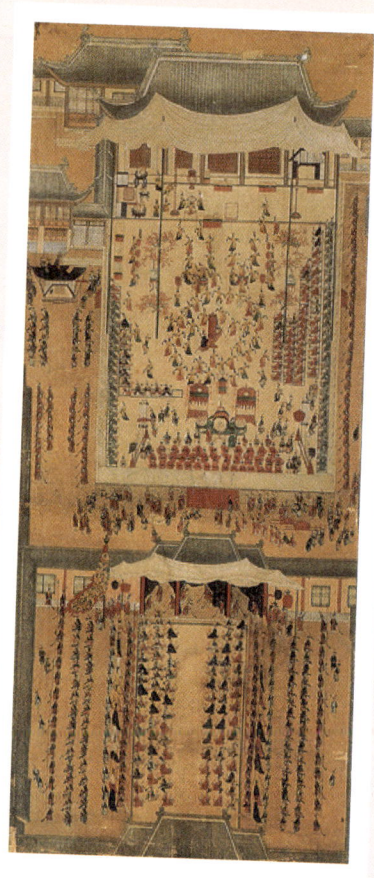

조선 최고의 화원들이 그린 병풍 그림 「화성능행도」 중 하나예요. 1795년 정조가 화성(지금의 수원)에 있는 아버지 사도 세자의 묘에 행차한 모습을 그렸죠. 이처럼 화원들은 궁궐 안팎에서 벌어지는 행사들을 그림으로 그렸어요.

김홍도가 살았던 영조와 정조 때는 조선 초기의 세종 때와 함께 화원들의 활동이 두드러진 시기예요. 김홍도뿐 아니라 신윤복, 강희언, 김응환 등 뛰어난 화원들이 많은 그림을 남겼지요.

조선 시대의 대표 화가

김홍도는 안견, 정선, 장승업 등과 함께 조선 시대의 대표 화가로 불려요.

안견은 산과 물이 어우러진 산수화를 특히 잘 그렸어요. 자연의 아름다움을 창의적이고도 세련되게 표현했지요.

안견의 대표작인 「몽유도원도」예요. 세종의 셋째 아들인 안평 대군이 꿈에서 거닐었던 아름다운 곳을 표현한 그림이에요. 안평 대군의 요청으로 그리게 되었죠.

정선은 아름다운 경치로 이름난 곳을 찾아다니면서 진경산수화를 많이 그렸어요. 진경산수화는 우리나라의 경치를 있는 그대로 그린 산수화예요. 단순하면서도 힘찬 먹선이 돋보이는 정선의 진경산수화는 한국 산수화의 기틀을 세웠다는 평가를

정선의 「인왕제색도」예요. 한여름 소나기가 지나간 뒤 비에 젖은 인왕산 바위의 인상을 그린 그림이에요.

받아요.

　장승업은 조선 말기의 화가로, 산수화와 인물화를 잘 그렸어요. 남의 어깨너머로 글과 그림을 배웠다는데, 술을 몹시 좋아해서 아무 술자리에서나 술을 따라 주면 바로 그림을 그렸다고 해요.

고양이가 병아리를 물고 도망가는 모습을 그린 김득신의 「파적도」예요. 긴박한 순간의 느낌이 잘 살아 있어요.

풍속화를 그린 화가들

　김홍도와 김득신, 신윤복은 모두 풍속화로 유명하지만, 각자 다른 장면에 주목했어요. 김홍도는 농사를 짓거나 길쌈을 하거나 씨름을 하는 등 사람들이 살아가는 모습을 익살스러우면서도 정감 있게 그렸어요.

김홍도의 풍속화들이에요. 왼쪽은 훈장 선생님과 아이들이 둘러앉아 공부하는 장면을 담은 「서당」이에요. 오른쪽은 씨름하는 사람들과 구경꾼들을 그린 「씨름」이에요.

김홍도의 그림에서 영향을 받은 김득신은 돌발적인 상황을 묘사하거나 인물의 성격을 묘사하는 데 뛰어났어요.

신윤복은 소재나 구성, 인물의 표현 방법이 김홍도와는 전혀 달랐어요. 김홍도가 소탈하고 익살맞은 서민들의 생활을 주로 다룬 데 반해, 신윤복은 양반층의 놀이와 남녀 사이의 연애를 즐겨 표현했어요. 신윤복의 그림 「전모를 쓴 여인」을 보면 갸름한 얼굴과 올라간 눈꼬리, 작은 입술에 맵시 있는 옷차림을 한 여인이 무척 아름답게 그려 있지요.

신윤복의 풍속화들이에요. 왼쪽은 「단오풍정」이에요. 단옷날 개울에서 머리를 감고 그네를 뛰던 풍습을 알 수 있지요. 오른쪽 그림은 「전모를 쓴 여인」이에요.

함께 보면 쏙쏙 이해되는 역사

◆ 1745년
경기도 안산의 중인 집안에서 태어남.

1720　　　　　　　　**1740**

● 1724년
영조가 왕위에 오름.

◆ 1774년
영조의 초상화를 잘 그린 상으로 벼슬을 함.

◆ 1778년
풍속화를 그려 병풍에 담은 「행려풍속도병」을 내놓음.

◆ 1788년
금강산을 여행하고 그린 산수화들을 「금강사군첩」이라는 책으로 묶음.

1770　　　　　　　　**1780**

● 1776년
영조가 죽고, 손자인 정조가 왕위에 오름.

◆ 김홍도의 생애
● 조선 영조, 정조 시대

◆ 1751년 무렵
선비 화가로 유명하던
강세황에게 그림을 배움.

◆ 1765년 무렵
그림에 관한 일을
맡아보던 관아인
도화서의 화원이 됨.

1750　　　　　　　　1760

◆ 1805년
마지막 그림
「추성부도」를 그림. 이후
기록은 남아 있지 않음.

1790　　　　　　　　1800

● 1796년
조선 최초의 신도시,
수원 화성이 완성됨.

● 1800년
정조가 죽고, 열한 살의
순조가 왕위에 오름.

추천사
「새싹 인물전」을 펴내면서

　요즈음 아이들에게 '훌륭한 사람'이 누구냐고 물으면 '돈 많이 버는 사람'이라고 대답한다고 합니다. 초등학생의 태반은 가수나 배우가 되고 싶어 하고요. 돈 많이 버는 사람이나 연예인이라는 직업이 나쁘다는 것이 아니라, 아이들이 각자가 갖고 있는 재능과 상관없이 모두 똑같은 꿈을 갖는 것 같아 걱정입니다. 또 한편으로는 아이들이 진정 마음으로 닮고 싶은 사람에 대한 정보가 부족한 것은 아닌가 하는 생각도 듭니다.
　어릴수록 위인 이야기의 힘은 큽니다. 아직 어리고 조그마한 아이들은 자신이 보잘것없다고 생각하고 위인들의 성공에 감탄합니다. 하지만 그네들에게는 끝없이 열린 미래가 있습니다. 신화처럼 빛나는 위인들의 모습은 아이들에게 훌륭한 역할 모델이 되고, 그런 삶을 살기 위해 무엇을 어떻게 해야 할지를 알려 주는 밝은 등대가 됩니다.
　그렇다면 우리가 어른으로서 아이들에게 권해야 할 위인전은 무엇일까요? 보통 우리가 생각하는 '위인'은 훌륭한 업적을 남긴

위대한 사람, 멋지고 능력 있는 사람입니다. 하지만 시대가 변했으니 아이들이 역할 모델로 삼을 수 있는 위인의 정의나 기준도 변해야 할 것입니다.

그런 의미에서 비룡소의 「새싹 인물전」은 종래의 위인전과는 다른 점이 많습니다. 시리즈 이름이 '위인전'이 아닌 '인물전'이라는 데 주목하기 바랍니다. 「새싹 인물전」은 하늘에서 빛나는 위인을 옆자리 짝꿍의 위치로 내려놓습니다. 만화 같은 친근한 일러스트는 자칫 생소할 수 있는 옛사람들의 이야기를 일상에서 만날 수 있는 재미있는 사건처럼 보여 줍니다.

또 하나, 「새싹 인물전」에는 위인전에 단골로 등장하는 태몽이나 어린 시절의 비범한 에피소드, 위인 예정설 같은 과장이 없습니다. 사실 이런 이야기들은 현대를 사는 아이들에게는 황당하고 이해하기 힘든 일일 뿐입니다. 그보다는 천 리 길도 한 걸음부터, 큰 성공도 자잘한 일상의 인내와 성실함이 없었다면 이루어질 수 없었다는 것을 알려 주는 것이 중요합니다. 세상 사람들의 우러름을 받는 이들도 여느 아이들과 같은 시절을 겪었음을 보여 줌으로써, 아이들에게 괜한 열등감을 주지 않고 그네들의 모습을 마음속에 담을 수 있도록 해 주는 것입니다.

덧붙여 위인전이란 그 인물이 얼마나 훌륭한 업적을 남겼는가 보여 주는 것도 중요하지만, 얼마나 참된 인간다움을 보였는가를 알려 줄 필요도 있습니다. 여기서 '인간다움'이란 기본적인 선함과 이해심, 남을 위해 봉사할 수 있는 사랑과 배려, 그리고 한 가지 목표를 설정하고 앞으로 나아갈 수 있는 의지와 용기를 말합니다. 성취라는 결과보다는 성취하기 위한 과정을 보여 주고, 사회적인 성공보다는 한 인간으로서 얼마나 자기 자신에게 철저하고 진실했는지를 보여 주는 것이 중요하다는 것입니다.

하지만 아무리 좋은 가르침도 사랑과 따뜻함이 없으면 억누름과 상처가 될 뿐이겠지요. 「새싹 인물전」은 나의 노력과 의지에 따라 얼마든지 의미 있는 삶을 살 수 있음을 알려 줍니다. 내가 알고 있는 삶 외에도 또 다른 삶이 존재할 수 있다는 것, 꿈을 키우고 이루어 가는 과정에서 배우고 경험하게 되는 것들의 가치, 그런 따뜻함을 담고 있는 위인전입니다. 부디 이 책이 삶의 첫발을 내딛는 아이들에게 좋은 길잡이가 되었으면 하는 바람입니다.

> 기획 위원
>
> 박이문(전 연세대 교수, 철학)
> 장영희(전 서강대 교수, 영문학)
> 안광복(중동고 철학 교사, 철학 박사)

● 사진 제공

52쪽_ 위키피디아. 53쪽, 55쪽(위), 56쪽(아래), 57쪽(오른쪽)_ 국립 중앙 박물관.
54쪽, 55쪽(아래)_ 호암 미술관. 56쪽(위), 57쪽(왼쪽)_ 간송 미술관.

글쓴이 **유타루**

전북 부안에서 태어나 한국 외국어 대학교 아프리카어과를 졸업했다. 『별이 뜨는 꽃담』으로 창원 아동 문학상과 송순 문학상을 받았다. 지은 책으로 『방정환』, 『장영실』, 『촌수 박사 달찬이』, 『마법 식탁』 등이 있다.

그린이 **김홍모**

만화가이자 그림책 작가이다. 부천 국제 만화제에서 『내가 살던 용산』, 「두근두근 탐험대」 시리즈로 상을 받았다. 만화 『홀』, 『내 친구 마로 1, 2』, 『좁은 방』, 『빗창』 등을 냈다. 쓰고 그린 책으로 『우주 최고 만화가가 되겠어!』가 있으며, 그린 책으로 『오늘의 날씨는』, 『책 만들어 주는 아버지』, 『김홍도』, 『주몽』, 『이호왕』 등이 있다.

새싹 인물전
007
김홍도

1판 1쇄 펴냄 2008년 10월 2일   1판 18쇄 펴냄 2020년 5월 22일
2판 1쇄 펴냄 2021년 5월 28일   2판 3쇄 펴냄 2024년 1월 18일

글쓴이 유타루   그린이 김홍모
펴낸이 박상희   편집장 전지선   편집 김솔미   디자인 박연미, 정다울
펴낸곳 (주)비룡소   출판등록 1994.3.17. (제16-849호)
주소 06027 서울시 강남구 도산대로 1길 62 강남출판문화센터 4층
전화 02)515-2000   팩스 02)515-2007   홈페이지 www.bir.co.kr
제품명 어린이용 각양장 도서   제조자명 (주)비룡소   제조국명 대한민국   사용연령 3세 이상

ⓒ 유타루, 김홍모, 2008. Printed in Seoul, Korea.

ISBN 978-89-491-2887-0 74990
ISBN 978-89-491-2880-1 (세트)

「새싹 인물전」 시리즈

001	**최무선** 김종렬 글 이경석 그림	031	**유관순** 유은실 글 곽성화 그림
002	**안네 프랑크** 해리엇 캐스터 글 헬레나 오웬 그림	032	**알렉산더 벨** 에마 피시엘 글 레슬리 뷔시커 그림
003	**나운규** 남찬숙 글 유승하 그림	033	**윤봉길** 김선희 글 김홍모·임소희 그림
004	**마리 퀴리** 캐런 월리스 글 닉 워드 그림	034	**루이 브라유** 테사 포터 글 헬레나 오웬 그림
005	**유일한** 임사라 글 김홍모·임소희 그림	035	**정약용** 김은미 글 홍선주 그림
006	**윈스턴 처칠** 해리엇 캐스터 글 린 윌리 그림	036	**제임스 와트** 니컬라 백스터 글 마틴 렘프리 그림
007	**김홍도** 유타루 글 김홍모 그림	037	**장영실** 유타루 글 이경석 그림
008	**토머스 에디슨** 캐런 월리스 글 피터 켄트 그림	038	**마틴 루서 킹** 베르나 윌킨스 글 린 윌리 그림
009	**강감찬** 한정기 글 이홍기 그림	039	**허준** 유타루 글 이홍기 그림
010	**마하트마 간디** 에마 피시엘 글 리처드 모건 그림	040	**라이트 형제** 김종렬 글 안희건 그림
011	**세종 대왕** 김선희 글 한지선 그림	041	**박에스더** 이은정 글 곽성화 그림
012	**클레오파트라** 해리엇 캐스터 글 리처드 모건 그림	042	**주몽** 김종렬 글 김홍모 그림
013	**김구** 김종렬 글 이경석 그림	043	**광개토 대왕** 김종렬 글 탁영호 그림
014	**헨리 포드** 피터 켄트 글·그림	044	**박지원** 김종광 글 백보현 그림
015	**장보고** 이옥수 글 원혜진 그림	045	**허난설헌** 김은미 글 유승하 그림
016	**모차르트** 해리엇 캐스터 글 피터 켄트 그림	046	**링컨** 이명랑 글 오승민 그림
017	**선덕 여왕** 남찬숙 글 한지선 그림	047	**정주영** 남경완 글 임소희 그림
018	**헬렌 켈러** 해리엇 캐스터 글 닉 워드 그림	048	**이호왕** 이영서 글 김홍모 그림
019	**김정호** 김선희 글 서영아 그림	049	**어밀리아 에어하트** 조경숙 글 원혜진 그림
020	**로버트 스콧** 에마 피시엘 글 데이브 맥타가트 그림	050	**최은희** 김혜연 글 한지선 그림
021	**방정환** 유다쿠르 글 이성석 그림	051	**주시경** 이은정 글 김혜리 그림
022	**나이팅게일** 에마 피시엘 글 피터 켄트 그림	052	**이태영** 공지희 글 민은정 그림
023	**신사임당** 이옥수 글 변영미 그림	053	**이순신** 김종렬 글 백보현 그림
024	**안데르센** 에마 피시엘 글 닉 워드 그림	054	**오드리 헵번** 이은정 글 정진희 그림
025	**김만덕** 공지희 글 장차현실 그림	055	**제인 구달** 유은실 글 서영아 그림
026	**셰익스피어** 에마 피시엘 글 마틴 렘프리 그림	056	**가브리엘 샤넬** 김선희 글 민은정 그림
027	**안중근** 남찬숙 글 곽성화 그림	057	**장 앙리 파브르** 유타루 글 하민석 그림
028	**카이사르** 에마 피시엘 글 레슬리 뷔시커 그림	058	**정조 대왕** 김종렬 글 민은정 그림
029	**백남준** 공지희 글 김수박 그림	059	**나폴레옹 보나파르트** 남찬숙 글 남궁선하 그림
030	**파스퇴르** 캐런 월리스 글 레슬리 뷔시커 그림	060	**이종욱** 이은정 글 우지현 그림

061	**박완서**	유은실 글 이윤희 그림
062	**장기려**	유타루 글 정문주 그림
063	**김대건**	전현정 글 홍선주 그림
064	**권기옥**	강정연 글 오영은 그림
065	**왕가리 마타이**	남찬숙 글 윤정미 그림
066	**전형필**	김혜연 글 한지선 그림
067	**이중섭**	김유 글 김홍모 그림
068	**그레이스 호퍼**	박주혜 글 이해정 그림

* 계속 출간됩니다.